Mein Bullet Diary
— NÄHEN —

Du hast ein neues Projekt in deinem Nähplaner oder eine ganz eigene Seite gestaltet? Dann zeig uns deine Kreationen und Projekte im Bullet Diary unter #bulletdiarynaehen in den sozialen Netzwerken.

VORWORT

Nähen ist grundsätzlich prädestiniert dafür, im Chaos zu enden. Das fängt bei sich stapelnden Stoffen und Materialien an und endet bei zugeschnittenen Projekten und Schnittmustern, die sich im Nähzimmer verteilen. Um sich einen Überblick über das schönste Hobby zu verschaffen und im besten Falle auch zu behalten, ist Organisationstalent gefragt – könnte man meinen. Denn mit Stift und Papier lässt sich schon ohne großen Aufwand viel Ordnung in die Nähplanung bringen. Deine Stoffberge musst du zwar trotzdem noch sortieren, aber eine übersichtliche Liste deiner Stoffe kann eine große Hilfe sein.

Ich liebe es schon immer Listen zu schreiben, mir Pläne – wortwörtlich – auszumalen und damit den Kopf für das kreative Chaos freizuhalten. Für mich gehört daher auch die Nähplanung auf Papier. Mich mit Stift und Notizheft hinzusetzen, Outfitideen aufzumalen, Projekte zu planen oder tolle Tipps zum Nähen festzuhalten ist für mich ein Moment der Entspannung. Ohne Vorgaben erstellt man sich so seinen individuellen Planer und gestaltet Seite um Seite sein eigenes Journal. Aus vielen „Das wäre mir aber zu viel Arbeit"-Kommentaren zu diesem Trend entstand die Idee, einen Nähplaner zu erstellen, mit dem jeder sofort loslegen kann und dennoch seinen ganz persönlichen Planer kreiert. Und diesen Planer hältst du nun in deinen Händen.

So benutzt du dieses Buch

Dein Bullet Diary – deine Ideen! Nach diesem Prinzip ist dieses Buch aufgebaut. Du kannst jede Seite nach deinen Vorstellungen beschreiben, bemalen und bekleben. Du kannst in deinem Diary auch hinten anfangen und vorne weitermachen, gerade so, wie du es am liebsten nutzen möchtest. In diesem Buch findest du viele Kategorien, die deine Ideen ordnen und alle wichtigen Infos, Maße, Tipps und Tricks an einem Ort versammeln. Ganz ohne Zettelchaos!

Für den Überblick innerhalb des Buches findest du nach dem Inhaltsverzeichnis auch eine Projektübersicht. Dort kannst du jedes Projekt eintragen, um es schnell wiederzufinden. Du findest außerdem Platz, um deine Stoffe und Schnittmuster zu katalogisieren, die wichtigsten Infos zu deinen Nähmaschinen zu notieren und Merkhilfen zu sammeln, die du sonst vergessen würdest. Außerdem hast du viel Raum zum Pläneschmieden und jede Menge Projektseiten für dein nächstes Nähprojekt. Wenn dir der Platz nicht reicht oder deine gewünschte Seite nicht dabei ist, kannst du auf den Blankoseiten deiner Kreativität freien Lauf lassen und eigene Kategorien entwerfen. Und keine Sorge, zum Glück musst du mit deinem Bullet Diary keinen Schönheitswettbewerb gewinnen – hier kannst du schmieren, kritzeln oder Schönschrift üben, es ist alles erlaubt!

Mit diesem Buch ist dein Lieblingshobby ab jetzt hoffentlich so strukturiert, wie du es brauchst. **Viel Spaß beim Füllen, Kritzeln und Planen!**

INHALT

NÄHEN ist meine Super-kraft!

Dieses Buch gehört:

Sandra

ADRESSE:

TELEFON:

Projektübersicht

Seite	Projekt	in Arbeit	fertig

Seite	Projekt	in Arbeit	fertig

Meine Nähziele für ____

Das möchte ich lernen:

- ……………………………………
- ……………………………………
- ……………………………………
- ……………………………………
- ……………………………………
- ……………………………………
- ……………………………………
- ……………………………………
- ……………………………………
- ……………………………………
- ……………………………………
- ……………………………………
- ……………………………………
- ……………………………………
- ……………………………………
- ……………………………………
- ……………………………………
- ……………………………………

Diese Technik möchte ich ausprobieren:

- ……………………………………
- ……………………………………
- ……………………………………
- ……………………………………
- ……………………………………
- ……………………………………
- ……………………………………
- ……………………………………
- ……………………………………
- ……………………………………
- ……………………………………
- ……………………………………
- ……………………………………
- ……………………………………
- ……………………………………
- ……………………………………
- ……………………………………
- ……………………………………

Daran möchte ich mich endlich trauen:

Diese Schnitte möchte ich unbedingt nähen:

Meine Nähziele für ____

Mit diesem Material möchte ich gerne arbeiten:

- ....
- ....
- ....
- ....
- ....
- ....
- ....
- ....
- ....
- ....
- ....
- ....
- ....
- ....
- ....
- ....
- ....
- ....

Das soll noch in mein Nähzimmer einziehen:

- ....
- ....
- ....
- ....
- ....
- ....
- ....
- ....
- ....
- ....
- ....
- ....
- ....
- ....
- ....
- ....
- ....
- ....

Das möchte ich verbessern:

- ....
- ....
- ....
- ....
- ....
- ....
- ....
- ....
- ....
- ....
- ....
- ....
- ....
- ....
- ....
- ....
- ....
- ....

So oft möchte ich Zeit zum Nähen finden:

- ....
- ....
- ....
- ....
- ....
- ....
- ....
- ....
- ....
- ....
- ....
- ....
- ....
- ....
- ....
- ....
- ....
- ....

Mein Stil

DIESE FARBEN TRAGE ICH GERNE:

DIESE MUSTER MAG ICH:

DAS TRAGE ICH AM LIEBSTEN IM ALLTAG:

....

....

....

....

DIESE FARBKOMBINATIONEN GEFALLEN MIR AM BESTEN:

Inspiration

Hier ist Platz zum Sammeln und Einkleben von Fotos, Schnipseln und Mustern:

Inspiration

Inspiration

Inspiration

{Inspiration}

☆ Outfitideen ☆

DAS FEHLT MIR NOCH:

DAS FEHLT MIR NOCH:

DAS FEHLT MIR NOCH:

DAS FEHLT MIR NOCH:

DAS FEHLT MIR NOCH: ______________________________

DAS FEHLT MIR NOCH: ______________________________

DAS FEHLT MIR NOCH: ______________________________

DAS FEHLT MIR NOCH: ______________________________

Maße

Meine Maße, gemessen am: ____________

KÖRPERGRÖSSE: ____________

BRUSTWEITE: ____________

TAILLENWEITE: ____________

HÜFTWEITE: ____________

ARMLÄNGE: ____________

RÜCKENLÄNGE: ____________

OBERARMWEITE: ____________

BEINLÄNGE: ____________

Meine Maße, gemessen am: ____________

KÖRPERGRÖSSE: ____________

BRUSTWEITE: ____________

TAILLENWEITE: ____________

HÜFTWEITE: ____________

ARMLÄNGE: ____________

RÜCKENLÄNGE: ____________

OBERARMWEITE: ____________

BEINLÄNGE: ____________

Notizen: ____________

Maße

Maße von: ____________________, gemessen am: __________

KÖRPERGRÖSSE: ____________________

BRUSTWEITE: ____________________

TAILLENWEITE: ____________________

HÜFTWEITE: ____________________

ARMLÄNGE: ____________________

RÜCKENLÄNGE: ____________________

OBERARMWEITE: ____________________

BEINLÄNGE: ____________________

Maße von: ____________________

gemessen am: ____________________

KÖRPERGRÖSSE: ____________________

BRUSTWEITE: ____________________

TAILLENWEITE: ____________________

HÜFTWEITE: ____________________

ARMLÄNGE: ____________________

RÜCKENLÄNGE: ____________________

OBERARMWEITE: ____________________

BEINLÄNGE: ____________________

Maße von: ____________________

gemessen am: ____________________

KÖRPERGRÖSSE: ____________________

BRUSTWEITE: ____________________

TAILLENWEITE: ____________________

HÜFTWEITE: ____________________

ARMLÄNGE: ____________________

RÜCKENLÄNGE: ____________________

OBERARMWEITE: ____________________

BEINLÄNGE: ____________________

Notizen: ____________________

____

____

____

____

Maße von: ______________________, gemessen am: ____________

KÖRPERGRÖßE: ______________________

BRUSTWEITE: ______________________

TAILLENWEITE: ______________________

HÜFTWEITE: ______________________

ARMLÄNGE: ______________________

RÜCKENLÄNGE: ______________________

OBERARMWEITE: ______________________

BEINLÄNGE: ______________________

Maße von: ______________________

gemessen am: ______________________

KÖRPERGRÖßE: ______________________

BRUSTWEITE: ______________________

TAILLENWEITE: ______________________

HÜFTWEITE: ______________________

ARMLÄNGE: ______________________

RÜCKENLÄNGE: ______________________

OBERARMWEITE: ______________________

BEINLÄNGE: ______________________

Maße von: ______________________

gemessen am: ______________________

KÖRPERGRÖßE: ______________________

BRUSTWEITE: ______________________

TAILLENWEITE: ______________________

HÜFTWEITE: ______________________

ARMLÄNGE: ______________________

RÜCKENLÄNGE: ______________________

OBERARMWEITE: ______________________

BEINLÄNGE: ______________________

Notizen: ______________________

____

____

____

____

Maße

Maße von: ________________, gemessen am: ________________

KÖRPERGRÖßE:

BRUSTWEITE:

TAILLENWEITE:

HÜFTWEITE:

ARMLÄNGE:

RÜCKENLÄNGE:

OBERARMWEITE:

BEINLÄNGE:

Maße von:

gemessen am:

KÖRPERGRÖßE:

BRUSTWEITE:

TAILLENWEITE:

HÜFTWEITE:

ARMLÄNGE:

RÜCKENLÄNGE:

OBERARMWEITE:

BEINLÄNGE:

Maße von:

gemessen am:

KÖRPERGRÖßE:

BRUSTWEITE:

TAILLENWEITE:

HÜFTWEITE:

ARMLÄNGE:

RÜCKENLÄNGE:

OBERARMWEITE:

BEINLÄNGE:

Notizen:

Meine Wunschliste

	€	☐
	€	☐
	€	☐
	€	☐
	€	☐
	€	☐
	€	☐
	€	☐
	€	☐
	€	☐
	€	☐
	€	☐
	€	☐
	€	☐
	€	☐
	€	☐

€
€
€
€
€
€
€
€
€
€
€
€
€
€
€
€

Geschenkideen

Wer?	Was?	Bis wann?	Preis?	Erledigt
				○
				○
				○
				○
				○
				○
				○
				○
				○
				○
				○
				○
				○
				○
				○
				○

Wer?	Was?	Bis wann?	Preis?	Erledigt
				○
				○
				○
				○
				○
				○
				○
				○
				○
				○
				○
				○
				○
				○
				○
				○

ICH
HAB GENUG
STOFF!

Oh,
der Stoff ist
aber schön!

MEINE STOFFE

Skizze oder Stoffprobe

Gekauft am: ____________________

Wo? ____________________

Maße: ____________________

Für welches Projekt? ____________________

Pflegehinweise: ____________________

Notiz: ____________________

☐ VERNÄHT

Skizze oder Stoffprobe

Gekauft am: ____________________

Wo? ____________________

Maße: ____________________

Für welches Projekt? ____________________

Pflegehinweise: ____________________

Notiz: ____________________

☐ VERNÄHT

Skizze oder Stoffprobe

Gekauft am: ____________________

Wo? ____________________

Maße: ____________________

Für welches Projekt? ____________________

Pflegehinweise: ____________________

Notiz: ____________________

☐ VERNÄHT

Skizze oder Stoffprobe

Gekauft am: ____________________

Wo? ____________________

Maße: ____________________

Für welches Projekt? ____________________

Pflegehinweise: ____________________

Notiz: ____________________

☐ VERNÄHT

Skizze oder Stoffprobe

GEKAUFT AM: ____________________

WO? ____________________

MAẞE: ____________________

FÜR WELCHES PROJEKT? ____________________

PFLEGEHINWEISE: ____________________

NOTIZ: ____________________

☐ VERNÄHT

Skizze oder Stoffprobe

GEKAUFT AM: ____________________

WO? ____________________

MAẞE: ____________________

FÜR WELCHES PROJEKT? ____________________

PFLEGEHINWEISE: ____________________

NOTIZ: ____________________

☐ VERNÄHT

Skizze oder Stoffprobe

GEKAUFT AM: ____________________

WO? ____________________

MAẞE: ____________________

FÜR WELCHES PROJEKT? ____________________

PFLEGEHINWEISE: ____________________

NOTIZ: ____________________

☐ VERNÄHT

Skizze oder Stoffprobe

GEKAUFT AM: ____________________

WO? ____________________

MAẞE: ____________________

FÜR WELCHES PROJEKT? ____________________

PFLEGEHINWEISE: ____________________

NOTIZ: ____________________

☐ VERNÄHT

MEINE STOFFE

Skizze oder Stoffprobe

GEKAUFT AM: ______

WO? ______

MAßE: ______

FÜR WELCHES PROJEKT? ______

PFLEGEHINWEISE: ______

NOTIZ: ______

☐ VERNÄHT

Skizze oder Stoffprobe

GEKAUFT AM: ______

WO? ______

MAßE: ______

FÜR WELCHES PROJEKT? ______

PFLEGEHINWEISE: ______

NOTIZ: ______

☐ VERNÄHT

Skizze oder Stoffprobe

GEKAUFT AM: ______

WO? ______

MAßE: ______

FÜR WELCHES PROJEKT? ______

PFLEGEHINWEISE: ______

NOTIZ: ______

☐ VERNÄHT

Skizze oder Stoffprobe

GEKAUFT AM: ______

WO? ______

MAßE: ______

FÜR WELCHES PROJEKT? ______

PFLEGEHINWEISE: ______

NOTIZ: ______

☐ VERNÄHT

Skizze oder Stoffprobe

GEKAUFT AM: ____________________
WO? ____________________
MAẞE: ____________________
FÜR WELCHES PROJEKT? ____________________
PFLEGEHINWEISE: ____________________
NOTIZ: ____________________

☐ VERNÄHT

Skizze oder Stoffprobe

GEKAUFT AM: ____________________
WO? ____________________
MAẞE: ____________________
FÜR WELCHES PROJEKT? ____________________
PFLEGEHINWEISE: ____________________
NOTIZ: ____________________

☐ VERNÄHT

Skizze oder Stoffprobe

GEKAUFT AM: ____________________
WO? ____________________
MAẞE: ____________________
FÜR WELCHES PROJEKT? ____________________
PFLEGEHINWEISE: ____________________
NOTIZ: ____________________

☐ VERNÄHT

Skizze oder Stoffprobe

GEKAUFT AM: ____________________
WO? ____________________
MAẞE: ____________________
FÜR WELCHES PROJEKT? ____________________
PFLEGEHINWEISE: ____________________
NOTIZ: ____________________

☐ VERNÄHT

MEINE STOFFE

Skizze oder Stoffprobe

GEKAUFT AM: ______

WO? ______

MAẞE: ______

FÜR WELCHES PROJEKT? ______

PFLEGEHINWEISE: ______

NOTIZ: ______

☐ VERNÄHT

Skizze oder Stoffprobe

GEKAUFT AM: ______

WO? ______

MAẞE: ______

FÜR WELCHES PROJEKT? ______

PFLEGEHINWEISE: ______

NOTIZ: ______

☐ VERNÄHT

Skizze oder Stoffprobe

GEKAUFT AM: ______

WO? ______

MAẞE: ______

FÜR WELCHES PROJEKT? ______

PFLEGEHINWEISE: ______

NOTIZ: ______

☐ VERNÄHT

Skizze oder Stoffprobe

GEKAUFT AM: ______

WO? ______

MAẞE: ______

FÜR WELCHES PROJEKT? ______

PFLEGEHINWEISE: ______

NOTIZ: ______

☐ VERNÄHT

Skizze oder Stoffprobe

GEKAUFT AM: ____________________
WO? ____________________
MAẞE: ____________________
FÜR WELCHES PROJEKT? ____________________
PFLEGEHINWEISE: ____________________
NOTIZ: ____________________

☐ VERNÄHT

Skizze oder Stoffprobe

GEKAUFT AM: ____________________
WO? ____________________
MAẞE: ____________________
FÜR WELCHES PROJEKT? ____________________
PFLEGEHINWEISE: ____________________
NOTIZ: ____________________

☐ VERNÄHT

Skizze oder Stoffprobe

GEKAUFT AM: ____________________
WO? ____________________
MAẞE: ____________________
FÜR WELCHES PROJEKT? ____________________
PFLEGEHINWEISE: ____________________
NOTIZ: ____________________

☐ VERNÄHT

Skizze oder Stoffprobe

GEKAUFT AM: ____________________
WO? ____________________
MAẞE: ____________________
FÜR WELCHES PROJEKT? ____________________
PFLEGEHINWEISE: ____________________
NOTIZ: ____________________

☐ VERNÄHT

MEINE STOFFE

Skizze oder Stoffprobe

GEKAUFT AM:

WO?

MAẞE:

FÜR WELCHES PROJEKT?

PFLEGEHINWEISE:

NOTIZ:

☐ VERNÄHT

Skizze oder Stoffprobe

GEKAUFT AM:

WO?

MAẞE:

FÜR WELCHES PROJEKT?

PFLEGEHINWEISE:

NOTIZ:

☐ VERNÄHT

Skizze oder Stoffprobe

GEKAUFT AM:

WO?

MAẞE:

FÜR WELCHES PROJEKT?

PFLEGEHINWEISE:

NOTIZ:

☐ VERNÄHT

Skizze oder Stoffprobe

GEKAUFT AM:

WO?

MAẞE:

FÜR WELCHES PROJEKT?

PFLEGEHINWEISE:

NOTIZ:

☐ VERNÄHT

Skizze oder Stoffprobe

GEKAUFT AM: ____________________

WO? ____________________

MAßE: ____________________

FÜR WELCHES PROJEKT? ____________________

PFLEGEHINWEISE: ____________________

NOTIZ: ____________________

☐ VERNÄHT

Skizze oder Stoffprobe

GEKAUFT AM: ____________________

WO? ____________________

MAßE: ____________________

FÜR WELCHES PROJEKT? ____________________

PFLEGEHINWEISE: ____________________

NOTIZ: ____________________

☐ VERNÄHT

Skizze oder Stoffprobe

GEKAUFT AM: ____________________

WO? ____________________

MAßE: ____________________

FÜR WELCHES PROJEKT? ____________________

PFLEGEHINWEISE: ____________________

NOTIZ: ____________________

☐ VERNÄHT

Skizze oder Stoffprobe

GEKAUFT AM: ____________________

WO? ____________________

MAßE: ____________________

FÜR WELCHES PROJEKT? ____________________

PFLEGEHINWEISE: ____________________

NOTIZ: ____________________

☐ VERNÄHT

MEINE STOFFE

Skizze oder Stoffprobe

GEKAUFT AM: ______

WO? ______

MAßE: ______

FÜR WELCHES PROJEKT? ______

PFLEGEHINWEISE: ______

NOTIZ: ______

☐ VERNÄHT

Skizze oder Stoffprobe

GEKAUFT AM: ______

WO? ______

MAßE: ______

FÜR WELCHES PROJEKT? ______

PFLEGEHINWEISE: ______

NOTIZ: ______

☐ VERNÄHT

Skizze oder Stoffprobe

GEKAUFT AM: ______

WO? ______

MAßE: ______

FÜR WELCHES PROJEKT? ______

PFLEGEHINWEISE: ______

NOTIZ: ______

☐ VERNÄHT

Skizze oder Stoffprobe

GEKAUFT AM: ______

WO? ______

MAßE: ______

FÜR WELCHES PROJEKT? ______

PFLEGEHINWEISE: ______

NOTIZ: ______

☐ VERNÄHT

Skizze oder Stoffprobe

GEKAUFT AM: ____________________
WO? ____________________
MAßE: ____________________
FÜR WELCHES PROJEKT? ____________________
PFLEGEHINWEISE: ____________________
NOTIZ: ____________________

☐ VERNÄHT

Skizze oder Stoffprobe

GEKAUFT AM: ____________________
WO? ____________________
MAßE: ____________________
FÜR WELCHES PROJEKT? ____________________
PFLEGEHINWEISE: ____________________
NOTIZ: ____________________

☐ VERNÄHT

Skizze oder Stoffprobe

GEKAUFT AM: ____________________
WO? ____________________
MAßE: ____________________
FÜR WELCHES PROJEKT? ____________________
PFLEGEHINWEISE: ____________________
NOTIZ: ____________________

☐ VERNÄHT

Skizze oder Stoffprobe

GEKAUFT AM: ____________________
WO? ____________________
MAßE: ____________________
FÜR WELCHES PROJEKT? ____________________
PFLEGEHINWEISE: ____________________
NOTIZ: ____________________

☐ VERNÄHT

MEINE STOFFE

Skizze oder Stoffprobe

Gekauft am: ____________________

Wo? ____________________

Maße: ____________________

Für welches Projekt? ____________________

Pflegehinweise: ____________________

Notiz: ____________________

☐ VERNÄHT

Skizze oder Stoffprobe

Gekauft am: ____________________

Wo? ____________________

Maße: ____________________

Für welches Projekt? ____________________

Pflegehinweise: ____________________

Notiz: ____________________

☐ VERNÄHT

Skizze oder Stoffprobe

Gekauft am: ____________________

Wo? ____________________

Maße: ____________________

Für welches Projekt? ____________________

Pflegehinweise: ____________________

Notiz: ____________________

☐ VERNÄHT

Skizze oder Stoffprobe

Gekauft am: ____________________

Wo? ____________________

Maße: ____________________

Für welches Projekt? ____________________

Pflegehinweise: ____________________

Notiz: ____________________

☐ VERNÄHT

Skizze oder Stoffprobe

GEKAUFT AM: ____

WO? ____

MAẞE: ____

FÜR WELCHES PROJEKT? ____

PFLEGEHINWEISE: ____

NOTIZ: ____

☐ VERNÄHT

Skizze oder Stoffprobe

GEKAUFT AM: ____

WO? ____

MAẞE: ____

FÜR WELCHES PROJEKT? ____

PFLEGEHINWEISE: ____

NOTIZ: ____

☐ VERNÄHT

Skizze oder Stoffprobe

GEKAUFT AM: ____

WO? ____

MAẞE: ____

FÜR WELCHES PROJEKT? ____

PFLEGEHINWEISE: ____

NOTIZ: ____

☐ VERNÄHT

Skizze oder Stoffprobe

GEKAUFT AM: ____

WO? ____

MAẞE: ____

FÜR WELCHES PROJEKT? ____

PFLEGEHINWEISE: ____

NOTIZ: ____

☐ VERNÄHT

MEINE STOFFE

Skizze oder Stoffprobe

Gekauft am: ______________________

Wo? ______________________

Maße: ______________________

Für welches Projekt? ______________________

Pflegehinweise: ______________________

Notiz: ______________________

☐ VERNÄHT

Skizze oder Stoffprobe

Gekauft am: ______________________

Wo? ______________________

Maße: ______________________

Für welches Projekt? ______________________

Pflegehinweise: ______________________

Notiz: ______________________

☐ VERNÄHT

Skizze oder Stoffprobe

Gekauft am: ______________________

Wo? ______________________

Maße: ______________________

Für welches Projekt? ______________________

Pflegehinweise: ______________________

Notiz: ______________________

☐ VERNÄHT

Skizze oder Stoffprobe

Gekauft am: ______________________

Wo? ______________________

Maße: ______________________

Für welches Projekt? ______________________

Pflegehinweise: ______________________

Notiz: ______________________

☐ VERNÄHT

Skizze oder Stoffprobe

GEKAUFT AM: ____________________
WO? ____________________
MAẞE: ____________________
FÜR WELCHES PROJEKT? ____________________
PFLEGEHINWEISE: ____________________
NOTIZ: ____________________

☐ VERNÄHT

Skizze oder Stoffprobe

GEKAUFT AM: ____________________
WO? ____________________
MAẞE: ____________________
FÜR WELCHES PROJEKT? ____________________
PFLEGEHINWEISE: ____________________
NOTIZ: ____________________

☐ VERNÄHT

Skizze oder Stoffprobe

GEKAUFT AM: ____________________
WO? ____________________
MAẞE: ____________________
FÜR WELCHES PROJEKT? ____________________
PFLEGEHINWEISE: ____________________
NOTIZ: ____________________

☐ VERNÄHT

Skizze oder Stoffprobe

GEKAUFT AM: ____________________
WO? ____________________
MAẞE: ____________________
FÜR WELCHES PROJEKT? ____________________
PFLEGEHINWEISE: ____________________
NOTIZ: ____________________

☐ VERNÄHT

MEINE STOFFE

Skizze oder Stoffprobe

GEKAUFT AM: ____________________
WO? ____________________
MAẞE: ____________________
FÜR WELCHES PROJEKT? ____________________
PFLEGEHINWEISE: ____________________
NOTIZ: ____________________

☐ VERNÄHT

Skizze oder Stoffprobe

GEKAUFT AM: ____________________
WO? ____________________
MAẞE: ____________________
FÜR WELCHES PROJEKT? ____________________
PFLEGEHINWEISE: ____________________
NOTIZ: ____________________

☐ VERNÄHT

Skizze oder Stoffprobe

GEKAUFT AM: ____________________
WO? ____________________
MAẞE: ____________________
FÜR WELCHES PROJEKT? ____________________
PFLEGEHINWEISE: ____________________
NOTIZ: ____________________

☐ VERNÄHT

Skizze oder Stoffprobe

GEKAUFT AM: ____________________
WO? ____________________
MAẞE: ____________________
FÜR WELCHES PROJEKT? ____________________
PFLEGEHINWEISE: ____________________
NOTIZ: ____________________

☐ VERNÄHT

Skizze oder Stoffprobe

GEKAUFT AM: ____________________

WO? ____________________

MAẞE: ____________________

FÜR WELCHES PROJEKT? ____________________

PFLEGEHINWEISE: ____________________

NOTIZ: ____________________

☐ VERNÄHT

Skizze oder Stoffprobe

GEKAUFT AM: ____________________

WO? ____________________

MAẞE: ____________________

FÜR WELCHES PROJEKT? ____________________

PFLEGEHINWEISE: ____________________

NOTIZ: ____________________

☐ VERNÄHT

Skizze oder Stoffprobe

GEKAUFT AM: ____________________

WO? ____________________

MAẞE: ____________________

FÜR WELCHES PROJEKT? ____________________

PFLEGEHINWEISE: ____________________

NOTIZ: ____________________

☐ VERNÄHT

Skizze oder Stoffprobe

GEKAUFT AM: ____________________

WO? ____________________

MAẞE: ____________________

FÜR WELCHES PROJEKT? ____________________

PFLEGEHINWEISE: ____________________

NOTIZ: ____________________

☐ VERNÄHT

MEINE STOFFE

Skizze oder Stoffprobe

GEKAUFT AM: ______

WO? ______

MAßE: ______

FÜR WELCHES PROJEKT? ______

PFLEGEHINWEISE: ______

NOTIZ: ______

☐ VERNÄHT

Skizze oder Stoffprobe

GEKAUFT AM: ______

WO? ______

MAßE: ______

FÜR WELCHES PROJEKT? ______

PFLEGEHINWEISE: ______

NOTIZ: ______

☐ VERNÄHT

Skizze oder Stoffprobe

GEKAUFT AM: ______

WO? ______

MAßE: ______

FÜR WELCHES PROJEKT? ______

PFLEGEHINWEISE: ______

NOTIZ: ______

☐ VERNÄHT

Skizze oder Stoffprobe

GEKAUFT AM: ______

WO? ______

MAßE: ______

FÜR WELCHES PROJEKT? ______

PFLEGEHINWEISE: ______

NOTIZ: ______

☐ VERNÄHT

Skizze oder Stoffprobe

GEKAUFT AM: ______________________

WO? ______________________

MAßE: ______________________

FÜR WELCHES PROJEKT? ______________________

PFLEGEHINWEISE: ______________________

NOTIZ: ______________________

☐ VERNÄHT

Skizze oder Stoffprobe

GEKAUFT AM: ______________________

WO? ______________________

MAßE: ______________________

FÜR WELCHES PROJEKT? ______________________

PFLEGEHINWEISE: ______________________

NOTIZ: ______________________

☐ VERNÄHT

Skizze oder Stoffprobe

GEKAUFT AM: ______________________

WO? ______________________

MAßE: ______________________

FÜR WELCHES PROJEKT? ______________________

PFLEGEHINWEISE: ______________________

NOTIZ: ______________________

☐ VERNÄHT

Skizze oder Stoffprobe

GEKAUFT AM: ______________________

WO? ______________________

MAßE: ______________________

FÜR WELCHES PROJEKT? ______________________

PFLEGEHINWEISE: ______________________

NOTIZ: ______________________

☐ VERNÄHT

MEINE STOFFE

Skizze oder Stoffprobe

GEKAUFT AM: ______

WO? ______

MAßE: ______

FÜR WELCHES PROJEKT? ______

PFLEGEHINWEISE: ______

NOTIZ: ______

☐ VERNÄHT

Skizze oder Stoffprobe

GEKAUFT AM: ______

WO? ______

MAßE: ______

FÜR WELCHES PROJEKT? ______

PFLEGEHINWEISE: ______

NOTIZ: ______

☐ VERNÄHT

Skizze oder Stoffprobe

GEKAUFT AM: ______

WO? ______

MAßE: ______

FÜR WELCHES PROJEKT? ______

PFLEGEHINWEISE: ______

NOTIZ: ______

☐ VERNÄHT

Skizze oder Stoffprobe

GEKAUFT AM: ______

WO? ______

MAßE: ______

FÜR WELCHES PROJEKT? ______

PFLEGEHINWEISE: ______

NOTIZ: ______

☐ VERNÄHT

Skizze oder Stoffprobe

GEKAUFT AM: ____________________

WO? ____________________

MAẞE: ____________________

FÜR WELCHES PROJEKT? ____________________

PFLEGEHINWEISE: ____________________

NOTIZ: ____________________

☐ VERNÄHT

Skizze oder Stoffprobe

GEKAUFT AM: ____________________

WO? ____________________

MAẞE: ____________________

FÜR WELCHES PROJEKT? ____________________

PFLEGEHINWEISE: ____________________

NOTIZ: ____________________

☐ VERNÄHT

Skizze oder Stoffprobe

GEKAUFT AM: ____________________

WO? ____________________

MAẞE: ____________________

FÜR WELCHES PROJEKT? ____________________

PFLEGEHINWEISE: ____________________

NOTIZ: ____________________

☐ VERNÄHT

Skizze oder Stoffprobe

GEKAUFT AM: ____________________

WO? ____________________

MAẞE: ____________________

FÜR WELCHES PROJEKT? ____________________

PFLEGEHINWEISE: ____________________

NOTIZ: ____________________

☐ VERNÄHT

MEINE STOFFE

Skizze oder Stoffprobe

GEKAUFT AM: ____________________

WO? ____________________

MAßE: ____________________

FÜR WELCHES PROJEKT? ____________________

PFLEGEHINWEISE: ____________________

NOTIZ: ____________________

☐ VERNÄHT

Skizze oder Stoffprobe

GEKAUFT AM: ____________________

WO? ____________________

MAßE: ____________________

FÜR WELCHES PROJEKT? ____________________

PFLEGEHINWEISE: ____________________

NOTIZ: ____________________

☐ VERNÄHT

Skizze oder Stoffprobe

GEKAUFT AM: ____________________

WO? ____________________

MAßE: ____________________

FÜR WELCHES PROJEKT? ____________________

PFLEGEHINWEISE: ____________________

NOTIZ: ____________________

☐ VERNÄHT

Skizze oder Stoffprobe

GEKAUFT AM: ____________________

WO? ____________________

MAßE: ____________________

FÜR WELCHES PROJEKT? ____________________

PFLEGEHINWEISE: ____________________

NOTIZ: ____________________

☐ VERNÄHT

Skizze oder Stoffprobe

Gekauft am: ______

Wo? ______

Maße: ______

Für welches Projekt? ______

Pflegehinweise: ______

Notiz: ______

☐ Vernäht

Skizze oder Stoffprobe

Gekauft am: ______

Wo? ______

Maße: ______

Für welches Projekt? ______

Pflegehinweise: ______

Notiz: ______

☐ Vernäht

Skizze oder Stoffprobe

Gekauft am: ______

Wo? ______

Maße: ______

Für welches Projekt? ______

Pflegehinweise: ______

Notiz: ______

☐ Vernäht

Skizze oder Stoffprobe

Gekauft am: ______

Wo? ______

Maße: ______

Für welches Projekt? ______

Pflegehinweise: ______

Notiz: ______

☐ Vernäht

MEINE STOFFE

Skizze oder Stoffprobe

GEKAUFT AM: ____________________
WO? ____________________
MAßE: ____________________
FÜR WELCHES PROJEKT? ____________________
PFLEGEHINWEISE: ____________________
NOTIZ: ____________________

☐ VERNÄHT

Skizze oder Stoffprobe

GEKAUFT AM: ____________________
WO? ____________________
MAßE: ____________________
FÜR WELCHES PROJEKT? ____________________
PFLEGEHINWEISE: ____________________
NOTIZ: ____________________

☐ VERNÄHT

Skizze oder Stoffprobe

GEKAUFT AM: ____________________
WO? ____________________
MAßE: ____________________
FÜR WELCHES PROJEKT? ____________________
PFLEGEHINWEISE: ____________________
NOTIZ: ____________________

☐ VERNÄHT

Skizze oder Stoffprobe

GEKAUFT AM: ____________________
WO? ____________________
MAßE: ____________________
FÜR WELCHES PROJEKT? ____________________
PFLEGEHINWEISE: ____________________
NOTIZ: ____________________

☐ VERNÄHT

Skizze oder Stoffprobe

Gekauft am: ________________
Wo? ________________
Maße: ________________
Für welches Projekt? ________________
Pflegehinweise: ________________
Notiz: ________________

☐ VERNÄHT

Skizze oder Stoffprobe

Gekauft am: ________________
Wo? ________________
Maße: ________________
Für welches Projekt? ________________
Pflegehinweise: ________________
Notiz: ________________

☐ VERNÄHT

Skizze oder Stoffprobe

Gekauft am: ________________
Wo? ________________
Maße: ________________
Für welches Projekt? ________________
Pflegehinweise: ________________
Notiz: ________________

☐ VERNÄHT

Skizze oder Stoffprobe

Gekauft am: ________________
Wo? ________________
Maße: ________________
Für welches Projekt? ________________
Pflegehinweise: ________________
Notiz: ________________

☐ VERNÄHT

MEINE STOFFE

Skizze oder Stoffprobe

GEKAUFT AM: ______

WO? ______

MAßE: ______

FÜR WELCHES PROJEKT? ______

PFLEGEHINWEISE: ______

NOTIZ: ______

☐ VERNÄHT

Skizze oder Stoffprobe

GEKAUFT AM: ______

WO? ______

MAßE: ______

FÜR WELCHES PROJEKT? ______

PFLEGEHINWEISE: ______

NOTIZ: ______

☐ VERNÄHT

Skizze oder Stoffprobe

GEKAUFT AM: ______

WO? ______

MAßE: ______

FÜR WELCHES PROJEKT? ______

PFLEGEHINWEISE: ______

NOTIZ: ______

☐ VERNÄHT

Skizze oder Stoffprobe

GEKAUFT AM: ______

WO? ______

MAßE: ______

FÜR WELCHES PROJEKT? ______

PFLEGEHINWEISE: ______

NOTIZ: ______

☐ VERNÄHT

Skizze oder Stoffprobe

GEKAUFT AM: ____________

WO? ____________

MAẞE: ____________

FÜR WELCHES PROJEKT? ____________

PFLEGEHINWEISE: ____________

NOTIZ: ____________

☐ VERNÄHT

Skizze oder Stoffprobe

GEKAUFT AM: ____________

WO? ____________

MAẞE: ____________

FÜR WELCHES PROJEKT? ____________

PFLEGEHINWEISE: ____________

NOTIZ: ____________

☐ VERNÄHT

Skizze oder Stoffprobe

GEKAUFT AM: ____________

WO? ____________

MAẞE: ____________

FÜR WELCHES PROJEKT? ____________

PFLEGEHINWEISE: ____________

NOTIZ: ____________

☐ VERNÄHT

Skizze oder Stoffprobe

GEKAUFT AM: ____________

WO? ____________

MAẞE: ____________

FÜR WELCHES PROJEKT? ____________

PFLEGEHINWEISE: ____________

NOTIZ: ____________

☐ VERNÄHT

Meine Schnittmuster

♡♡♡♡♡
BEWERTUNG

SCHNITT: ....
MATERIAL: ....
BESONDERHEITEN: ....
ÄNDERUNGEN: ....
BEMERKUNGEN: ....

♡♡♡♡♡
BEWERTUNG

SCHNITT: ....
MATERIAL: ....
BESONDERHEITEN: ....
ÄNDERUNGEN: ....
BEMERKUNGEN: ....

♡♡♡♡♡
BEWERTUNG

SCHNITT: ....
MATERIAL: ....
BESONDERHEITEN: ....
ÄNDERUNGEN: ....
BEMERKUNGEN: ....

♡♡♡♡♡
BEWERTUNG

SCHNITT: ....

MATERIAL: ....

BESONDERHEITEN: ....

ÄNDERUNGEN: ....

BEMERKUNGEN: ....

♡♡♡♡♡
BEWERTUNG

SCHNITT: ....

MATERIAL: ....

BESONDERHEITEN: ....

ÄNDERUNGEN: ....

BEMERKUNGEN: ....

♡♡♡♡♡
BEWERTUNG

SCHNITT: ....

MATERIAL: ....

BESONDERHEITEN: ....

ÄNDERUNGEN: ....

BEMERKUNGEN: ....

Meine Schnittmuster

☆☆☆☆☆
BEWERTUNG

SCHNITT: ....
MATERIAL: ....
BESONDERHEITEN: ....
ÄNDERUNGEN: ....
BEMERKUNGEN: ....

☆☆☆☆☆
BEWERTUNG

SCHNITT: ....
MATERIAL: ....
BESONDERHEITEN: ....
ÄNDERUNGEN: ....
BEMERKUNGEN: ....

☆☆☆☆☆
BEWERTUNG

SCHNITT: ....
MATERIAL: ....
BESONDERHEITEN: ....
ÄNDERUNGEN: ....
BEMERKUNGEN: ....

☆☆☆☆☆
BEWERTUNG

SCHNITT: ....

MATERIAL: ....

BESONDERHEITEN: ....

ÄNDERUNGEN: ....

BEMERKUNGEN: ....

☆☆☆☆☆
BEWERTUNG

SCHNITT: ....

MATERIAL: ....

BESONDERHEITEN: ....

ÄNDERUNGEN: ....

BEMERKUNGEN: ....

☆☆☆☆☆
BEWERTUNG

SCHNITT: ....

MATERIAL: ....

BESONDERHEITEN: ....

ÄNDERUNGEN: ....

BEMERKUNGEN: ....

Meine Schnittmuster

♡♡♡♡♡
BEWERTUNG

SCHNITT: ....

MATERIAL: ....

BESONDERHEITEN: ....

ÄNDERUNGEN: ....

BEMERKUNGEN: ....

♡♡♡♡♡
BEWERTUNG

SCHNITT: ....

MATERIAL: ....

BESONDERHEITEN: ....

ÄNDERUNGEN: ....

BEMERKUNGEN: ....

♡♡♡♡♡
BEWERTUNG

SCHNITT: ....

MATERIAL: ....

BESONDERHEITEN: ....

ÄNDERUNGEN: ....

BEMERKUNGEN: ....

♡♡♡♡♡
BEWERTUNG

SCHNITT: ....

MATERIAL: ....

BESONDERHEITEN: ....

ÄNDERUNGEN: ....

BEMERKUNGEN: ....

♡♡♡♡♡
BEWERTUNG

SCHNITT: ....

MATERIAL: ....

BESONDERHEITEN: ....

ÄNDERUNGEN: ....

BEMERKUNGEN: ....

♡♡♡♡♡
BEWERTUNG

SCHNITT: ....

MATERIAL: ....

BESONDERHEITEN: ....

ÄNDERUNGEN: ....

BEMERKUNGEN: ....

Meine Schnittmuster

☆☆☆☆☆
BEWERTUNG

SCHNITT: ....

MATERIAL: ....

BESONDERHEITEN: ....

ÄNDERUNGEN: ....

BEMERKUNGEN: ....

☆☆☆☆☆
BEWERTUNG

SCHNITT: ....

MATERIAL: ....

BESONDERHEITEN: ....

ÄNDERUNGEN: ....

BEMERKUNGEN: ....

☆☆☆☆☆
BEWERTUNG

SCHNITT: ....

MATERIAL: ....

BESONDERHEITEN: ....

ÄNDERUNGEN: ....

BEMERKUNGEN: ....

☆☆☆☆☆
BEWERTUNG

SCHNITT: ....

MATERIAL: ....

BESONDERHEITEN: ....

ÄNDERUNGEN: ....

BEMERKUNGEN: ....

☆☆☆☆☆
BEWERTUNG

SCHNITT: ....

MATERIAL: ....

BESONDERHEITEN: ....

ÄNDERUNGEN: ....

BEMERKUNGEN: ....

☆☆☆☆☆
BEWERTUNG

SCHNITT: ....

MATERIAL: ....

BESONDERHEITEN: ....

ÄNDERUNGEN: ....

BEMERKUNGEN: ....

Meine Schnittmuster

♡♡♡♡♡
BEWERTUNG

SCHNITT: ....
MATERIAL: ....
BESONDERHEITEN: ....
ÄNDERUNGEN: ....
BEMERKUNGEN: ....

♡♡♡♡♡
BEWERTUNG

SCHNITT: ....
MATERIAL: ....
BESONDERHEITEN: ....
ÄNDERUNGEN: ....
BEMERKUNGEN: ....

♡♡♡♡♡
BEWERTUNG

SCHNITT: ....
MATERIAL: ....
BESONDERHEITEN: ....
ÄNDERUNGEN: ....
BEMERKUNGEN: ....

♡♡♡♡♡
BEWERTUNG

SCHNITT: ....

MATERIAL: ....

BESONDERHEITEN: ....

ÄNDERUNGEN: ....

BEMERKUNGEN: ....

♡♡♡♡♡
BEWERTUNG

SCHNITT: ....

MATERIAL: ....

BESONDERHEITEN: ....

ÄNDERUNGEN: ....

BEMERKUNGEN: ....

♡♡♡♡♡
BEWERTUNG

SCHNITT: ....

MATERIAL: ....

BESONDERHEITEN: ....

ÄNDERUNGEN: ....

BEMERKUNGEN: ....

Meine Schnittmuster

☆☆☆☆☆
BEWERTUNG

SCHNITT: ....

MATERIAL: ....

BESONDERHEITEN: ....

ÄNDERUNGEN: ....

BEMERKUNGEN: ....

☆☆☆☆☆
BEWERTUNG

SCHNITT: ....

MATERIAL: ....

BESONDERHEITEN: ....

ÄNDERUNGEN: ....

BEMERKUNGEN: ....

☆☆☆☆☆
BEWERTUNG

SCHNITT: ....

MATERIAL: ....

BESONDERHEITEN: ....

ÄNDERUNGEN: ....

BEMERKUNGEN: ....

☆☆☆☆☆
BEWERTUNG

SCHNITT: ....

MATERIAL: ....

BESONDERHEITEN: ....

ÄNDERUNGEN: ....

BEMERKUNGEN: ....

☆☆☆☆☆
BEWERTUNG

SCHNITT: ....

MATERIAL: ....

BESONDERHEITEN: ....

ÄNDERUNGEN: ....

BEMERKUNGEN: ....

☆☆☆☆☆
BEWERTUNG

SCHNITT: ....

MATERIAL: ....

BESONDERHEITEN: ....

ÄNDERUNGEN: ....

BEMERKUNGEN: ....

Meine Schnittmuster

♡♡♡♡♡
BEWERTUNG

SCHNITT: ....
MATERIAL: ....
BESONDERHEITEN: ....
ÄNDERUNGEN: ....
BEMERKUNGEN: ....

♡♡♡♡♡
BEWERTUNG

SCHNITT: ....
MATERIAL: ....
BESONDERHEITEN: ....
ÄNDERUNGEN: ....
BEMERKUNGEN: ....

♡♡♡♡♡
BEWERTUNG

SCHNITT: ....
MATERIAL: ....
BESONDERHEITEN: ....
ÄNDERUNGEN: ....
BEMERKUNGEN: ....

♡♡♡♡♡
BEWERTUNG

SCHNITT: ....

MATERIAL: ....

BESONDERHEITEN: ....

ÄNDERUNGEN: ....

BEMERKUNGEN: ....

♡♡♡♡♡
BEWERTUNG

SCHNITT: ....

MATERIAL: ....

BESONDERHEITEN: ....

ÄNDERUNGEN: ....

BEMERKUNGEN: ....

♡♡♡♡♡
BEWERTUNG

SCHNITT: ....

MATERIAL: ....

BESONDERHEITEN: ....

ÄNDERUNGEN: ....

BEMERKUNGEN: ....

Meine Schnittmuster

☆☆☆☆☆
BEWERTUNG

SCHNITT: ....

MATERIAL: ....

BESONDERHEITEN: ....

ÄNDERUNGEN: ....

BEMERKUNGEN: ....

☆☆☆☆☆
BEWERTUNG

SCHNITT: ....

MATERIAL: ....

BESONDERHEITEN: ....

ÄNDERUNGEN: ....

BEMERKUNGEN: ....

☆☆☆☆☆
BEWERTUNG

SCHNITT: ....

MATERIAL: ....

BESONDERHEITEN: ....

ÄNDERUNGEN: ....

BEMERKUNGEN: ....

☆☆☆☆☆
BEWERTUNG

SCHNITT: ....

MATERIAL: ....

BESONDERHEITEN: ....

ÄNDERUNGEN: ....

BEMERKUNGEN: ....

☆☆☆☆☆
BEWERTUNG

SCHNITT: ....

MATERIAL: ....

BESONDERHEITEN: ....

ÄNDERUNGEN: ....

BEMERKUNGEN: ....

☆☆☆☆☆
BEWERTUNG

SCHNITT: ....

MATERIAL: ....

BESONDERHEITEN: ....

ÄNDERUNGEN: ....

BEMERKUNGEN: ....

Meine Schnittmuster

♡♡♡♡♡
BEWERTUNG

SCHNITT: ....

MATERIAL: ....

BESONDERHEITEN: ....

ÄNDERUNGEN: ....

BEMERKUNGEN: ....

♡♡♡♡♡
BEWERTUNG

SCHNITT: ....

MATERIAL: ....

BESONDERHEITEN: ....

ÄNDERUNGEN: ....

BEMERKUNGEN: ....

♡♡♡♡♡
BEWERTUNG

SCHNITT: ....

MATERIAL: ....

BESONDERHEITEN: ....

ÄNDERUNGEN: ....

BEMERKUNGEN: ....

♡♡♡♡♡
BEWERTUNG

SCHNITT: ....

MATERIAL: ....

BESONDERHEITEN: ....

ÄNDERUNGEN: ....

BEMERKUNGEN: ....

♡♡♡♡♡
BEWERTUNG

SCHNITT: ....

MATERIAL: ....

BESONDERHEITEN: ....

ÄNDERUNGEN: ....

BEMERKUNGEN: ....

♡♡♡♡♡
BEWERTUNG

SCHNITT: ....

MATERIAL: ....

BESONDERHEITEN: ....

ÄNDERUNGEN: ....

BEMERKUNGEN: ....

Meine Schnittmuster

☆☆☆☆☆
BEWERTUNG

SCHNITT: ....

MATERIAL: ....

BESONDERHEITEN: ....

ÄNDERUNGEN: ....

BEMERKUNGEN: ....

☆☆☆☆☆
BEWERTUNG

SCHNITT: ....

MATERIAL: ....

BESONDERHEITEN: ....

ÄNDERUNGEN: ....

BEMERKUNGEN: ....

☆☆☆☆☆
BEWERTUNG

SCHNITT: ....

MATERIAL: ....

BESONDERHEITEN: ....

ÄNDERUNGEN: ....

BEMERKUNGEN: ....

BEWERTUNG

SCHNITT: ....

MATERIAL: ....

BESONDERHEITEN: ....

ÄNDERUNGEN: ....

BEMERKUNGEN: ....

BEWERTUNG

SCHNITT: ....

MATERIAL: ....

BESONDERHEITEN: ....

ÄNDERUNGEN: ....

BEMERKUNGEN: ....

BEWERTUNG

SCHNITT: ....

MATERIAL: ....

BESONDERHEITEN: ....

ÄNDERUNGEN: ....

BEMERKUNGEN: ....

Meine Schnittmuster

♡♡♡♡♡
BEWERTUNG

SCHNITT: ....

MATERIAL: ....

BESONDERHEITEN: ....

ÄNDERUNGEN: ....

BEMERKUNGEN: ....

♡♡♡♡♡
BEWERTUNG

SCHNITT: ....

MATERIAL: ....

BESONDERHEITEN: ....

ÄNDERUNGEN: ....

BEMERKUNGEN: ....

♡♡♡♡♡
BEWERTUNG

SCHNITT: ....

MATERIAL: ....

BESONDERHEITEN: ....

ÄNDERUNGEN: ....

BEMERKUNGEN: ....

♡♡♡♡♡
BEWERTUNG

SCHNITT: ....

MATERIAL: ....

BESONDERHEITEN: ....

ÄNDERUNGEN: ....

BEMERKUNGEN: ....

♡♡♡♡♡
BEWERTUNG

SCHNITT: ....

MATERIAL: ....

BESONDERHEITEN: ....

ÄNDERUNGEN: ....

BEMERKUNGEN: ....

♡♡♡♡♡
BEWERTUNG

SCHNITT: ....

MATERIAL: ....

BESONDERHEITEN: ....

ÄNDERUNGEN: ....

BEMERKUNGEN: ....

Meine Schnittmuster

☆☆☆☆☆
BEWERTUNG

SCHNITT: ....

MATERIAL: ....

BESONDERHEITEN: ....

ÄNDERUNGEN: ....

BEMERKUNGEN: ....

☆☆☆☆☆
BEWERTUNG

SCHNITT: ....

MATERIAL: ....

BESONDERHEITEN: ....

ÄNDERUNGEN: ....

BEMERKUNGEN: ....

☆☆☆☆☆
BEWERTUNG

SCHNITT: ....

MATERIAL: ....

BESONDERHEITEN: ....

ÄNDERUNGEN: ....

BEMERKUNGEN: ....

☆☆☆☆☆
BEWERTUNG

SCHNITT: ....
MATERIAL: ....
BESONDERHEITEN: ....
ÄNDERUNGEN: ....
BEMERKUNGEN: ....

☆☆☆☆☆
BEWERTUNG

SCHNITT: ....
MATERIAL: ....
BESONDERHEITEN: ....
ÄNDERUNGEN: ....
BEMERKUNGEN: ....

☆☆☆☆☆
BEWERTUNG

SCHNITT: ....
MATERIAL: ....
BESONDERHEITEN: ....
ÄNDERUNGEN: ....
BEMERKUNGEN: ....

Meine Schnittmuster

♡♡♡♡♡
BEWERTUNG

SCHNITT: ....

MATERIAL: ....

BESONDERHEITEN: ....

ÄNDERUNGEN: ....

BEMERKUNGEN: ....

♡♡♡♡♡
BEWERTUNG

SCHNITT: ....

MATERIAL: ....

BESONDERHEITEN: ....

ÄNDERUNGEN: ....

BEMERKUNGEN: ....

♡♡♡♡♡
BEWERTUNG

SCHNITT: ....

MATERIAL: ....

BESONDERHEITEN: ....

ÄNDERUNGEN: ....

BEMERKUNGEN: ....

Nähen
ist mein
Yoga

Lieblingsseiten im Internet

Webseiten & Blogs:

Shops:

Lieblingszeitschriften & -bücher

Bücher:

Zeitschriften:

Ausgabe:

ZU HAUSE
IST,
WO MEINE
NÄHMASCHINE
IST...

Meine Nähmaschine

Modell: ______________________________

Hersteller: ______________________________

Kontakt: ______________________________

Wann wurde das letzte Mal:

GESÄUBERT: ______ ______ ______ ______ ______ ______ ______

GEÖLT: ______ ______ ______ ______ ______ ______ ______

NADEL GEWECHSELT:

- JEANS: ______ ______ ______ ______ ______ ______ ______
- STRETCH: ______ ______ ______ ______ ______ ______ ______

.... ______ ______ ______ ______ ______ ______ ______

.... ______ ______ ______ ______ ______ ______ ______

.... ______ ______ ______ ______ ______ ______ ______

.... ______ ______ ______ ______ ______ ______ ______

.... ______ ______ ______ ______ ______ ______ ______

Meine Nähmaschine

Modell: ______________________________

Hersteller: ______________________________

Kontakt: ______________________________

Wann wurde das letzte Mal:

GESÄUBERT: ______ ______ ______ ______ ______ ______ ______

GEÖLT: ______ ______ ______ ______ ______ ______ ______

NADEL GEWECHSELT:

▻ JEANS: ______ ______ ______ ______ ______ ______ ______

▻ STRETCH: ______ ______ ______ ______ ______ ______ ______

.... ______ ______ ______ ______ ______ ______ ______

.... ______ ______ ______ ______ ______ ______ ______

.... ______ ______ ______ ______ ______ ______ ______

.... ______ ______ ______ ______ ______ ______ ______

.... ______ ______ ______ ______ ______ ______ ______

NÄHMASCHINEN-EINSTELLUNGEN

Projekt/Stoff:

Nähmaschine:

Stich:

Stichlänge:

Stichbreite:

Füßchendruck:

Garn:

Notizen:

Projekt/Stoff:

Nähmaschine:

Stich:

Stichlänge:

Stichbreite:

Füßchendruck:

Garn:

Notizen:

NÄHMASCHINEN-EINSTELLUNGEN

Projekt/Stoff: ______________________

____

Nähmaschine: ______________________

Stich: ____________ Stichlänge: ____________

Stichbreite: ____________ Füßchendruck: ____________

Garn: ______________________

Notizen: ______________________

____

Projekt/Stoff: ______________________

____

Nähmaschine: ______________________

Stich: ____________ Stichlänge: ____________

Stichbreite: ____________ Füßchendruck: ____________

Garn: ______________________

Notizen: ______________________

____

NÄHMASCHINEN-EINSTELLUNGEN

Projekt/Stoff: ____________________

____

Nähmaschine: ____________________

Stich: __________ Stichlänge: __________

Stichbreite: __________ Füßchendruck: __________

Garn: ____________________

Notizen: ____________________

____

Projekt/Stoff: ____________________

____

Nähmaschine: ____________________

Stich: __________ Stichlänge: __________

Stichbreite: __________ Füßchendruck: __________

Garn: ____________________

Notizen: ____________________

____

Gelernt und gemerkt!

TECHNIK:

QUELLE DER ANLEITUNG:

TECHNIK:

QUELLE DER ANLEITUNG:

KLEINE MERKHILFE Stoffe

Auf einen Blick – so viel Stoff brauche ich etwa für:

EIN KURZÄRMELIGES SHIRT: ______________________

EIN LANGÄRMELIGES SHIRT: ______________________

EINEN PULLOVER: ______________________

EINE KURZE HOSE: ______________________

EINE LANGE HOSE: ______________________

EINEN KURZEN ROCK: ______________________

.... ______________________

.... ______________________

.... ______________________

.... ______________________

.... ______________________

.... ______________________

.... ______________________

.... ______________________

.... ______________________

.... ______________________

! Nicht vergessen

KLEINE MERKHILFE

Was ich mir unbedingt merken will:

KLEINE MERKHILFE

! Nicht vergessen

Was ich mir unbedingt merken will:

Bitte nicht stören, ich nähe!

Näh-Planer

	MATERIAL	IN ARBEIT	FERTIG
....	○	○	○
....	○	○	○
....	○	○	○
....	○	○	○
....	○	○	○
....	○	○	○
....	○	○	○
....	○	○	○
....	○	○	○
....	○	○	○
....	○	○	○
....	○	○	○
....	○	○	○
....	○	○	○
....	○	○	○
....	○	○	○
....	○	○	○
....	○	○	○

	Material	In Arbeit	Fertig

Näh-Planer

MATERIAL IN ARBEIT FERTIG

	Material	In Arbeit	Fertig

Näh-Planer

	MATERIAL	IN ARBEIT	FERTIG

	Material	In Arbeit	fertig
	○	○	○
	○	○	○
	○	○	○
	○	○	○
	○	○	○
	○	○	○
	○	○	○
	○	○	○
	○	○	○
	○	○	○
	○	○	○
	○	○	○
	○	○	○
	○	○	○
	○	○	○
	○	○	○
	○	○	○
	○	○	○

Mein Projekt

Projektname: .... für: ....

begonnen am: .... fertig am: ....

Schnittmuster

Skizze

Stoffprobe

Größe: .... Variante: ....

Anpassungen: ....

....

....

Material: ....

- [ ] ....
- [ ] ....
- [ ] ....
- [ ] ....
- [ ] ....
- [ ] ....
- [ ] ....

Pflegehinweise: ....

....

Nahtzugabe: .... Nadel-/Maschineneinstellung: ....

Notizen: ....

....

- [ ] Fertig

Mein Projekt

Projektname: .... für: ....

begonnen am: .... fertig am: ....

Schnittmuster

Skizze

Stoffprobe

Größe: .... Variante: ....

Anpassungen: ....

....

....

Material: ....

- [ ] ....
- [ ] ....
- [ ] ....
- [ ] ....
- [ ] ....
- [ ] ....
- [ ] ....

Pflegehinweise: ....

....

Nahtzugabe: .... Nadel-/Maschineneinstellung: ....

Notizen: ....

....

- [ ] Fertig

Mein Projekt

Projektname: .... für: ....

begonnen am: .... fertig am: ....

Schnittmuster

Skizze

Stoffprobe

Größe: .... Variante: ....

Anpassungen: ....

....

....

Material: ....

☐ ....

☐ ....

☐ ....

☐ ....

☐ ....

☐ ....

☐ ....

Pflegehinweise: ....

....

Nahtzugabe: .... Nadel-/Maschineneinstellung: ....

Notizen: ....

....

☐ Fertig

Mein Projekt

Projektname: .... für: ....

begonnen am: .... fertig am: ....

Schnittmuster

Skizze

Stoffprobe

Größe: .... Variante: ....

Anpassungen: ....

....

....

Material: ....

- [ ] ....
- [ ] ....
- [ ] ....
- [ ] ....
- [ ] ....
- [ ] ....
- [ ] ....

Pflegehinweise: ....

....

Nahtzugabe: .... Nadel-/Maschineneinstellung: ....

Notizen: ....

....

- [ ] Fertig

Mein Projekt

Projektname: .... für: ....

begonnen am: .... fertig am: ....

Schnittmuster

Skizze

Stoffprobe

Größe: .... Variante: ....

Anpassungen: ....

....

....

Material: ....

- ☐ ....
- ☐ ....
- ☐ ....
- ☐ ....
- ☐ ....
- ☐ ....
- ☐ ....

Pflegehinweise: ....

....

Nahtzugabe: .... Nadel-/Maschineneinstellung: ....

Notizen: ....

....

☐ Fertig

Mein Projekt

Projektname: .... für: ....

begonnen am: .... fertig am: ....

Schnittmuster

Größe: .... Variante: ....

Anpassungen: ....

....

....

Material: ....

☐ ....

☐ ....

☐ ....

☐ ....

☐ ....

☐ ....

☐ ....

Skizze

Stoffprobe

Pflegehinweise: ....

....

Nahtzugabe: .... Nadel-/Maschineneinstellung: ....

Notizen: ....

....

☐ Fertig

Mein Projekt

Projektname: .... für: ....

begonnen am: .... fertig am: ....

Schnittmuster

Skizze

Stoffprobe

Größe: .... Variante: ....

Anpassungen: ....

....

....

Material: ....

- [ ] ....
- [ ] ....
- [ ] ....
- [ ] ....
- [ ] ....
- [ ] ....
- [ ] ....

Pflegehinweise: ....

....

Nahtzugabe: .... Nadel-/Maschineneinstellung: ....

Notizen: ....

....

- [ ] Fertig

Mein Projekt

Projektname: .... für: ....

begonnen am: .... fertig am: ....

Schnittmuster

Skizze

Stoffprobe

Größe: .... Variante: ....

Anpassungen: ....

....

....

Material: ....

- [ ] ....
- [ ] ....
- [ ] ....
- [ ] ....
- [ ] ....
- [ ] ....
- [ ] ....

Pflegehinweise: ....

....

Nahtzugabe: .... Nadel-/Maschineneinstellung: ....

Notizen: ....

....

- [ ] Fertig

Mein Projekt

Projektname: .... für: ....

begonnen am: .... fertig am: ....

Schnittmuster

Skizze

Stoffprobe

Größe: .... Variante: ....

Anpassungen: ....

....

....

Material: ....

- [ ] ....
- [ ] ....
- [ ] ....
- [ ] ....
- [ ] ....
- [ ] ....
- [ ] ....

Pflegehinweise: ....

....

Nahtzugabe: .... Nadel-/Maschineneinstellung: ....

Notizen: ....

....

- [ ] Fertig

Mein Projekt

Projektname: .... für: ....

begonnen am: .... fertig am: ....

Schnittmuster

Skizze

Stoffprobe

Größe: .... Variante: ....

Anpassungen: ....

....

....

Material: ....

☐ ....

☐ ....

☐ ....

☐ ....

☐ ....

☐ ....

☐ ....

Pflegehinweise: ....

....

Nahtzugabe: .... Nadel-/Maschineneinstellung: ....

Notizen: ....

....

☐ Fertig

Mein Projekt

Projektname: .... für: ....

begonnen am: .... fertig am: ....

Schnittmuster

Skizze

Stoffprobe

Größe: .... Variante: ....

Anpassungen: ....

....

....

Material: ....

☐ ....

☐ ....

☐ ....

☐ ....

☐ ....

☐ ....

☐ ....

Pflegehinweise: ....

....

Nahtzugabe: .... Nadel-/Maschineneinstellung: ....

Notizen: ....

....

☐ Fertig

Mein Projekt

Projektname: .... für: ....

begonnen am: .... fertig am: ....

Schnittmuster

Skizze

Stoffprobe

Größe: .... Variante: ....

Anpassungen: ....

....

....

Material: ....

- [ ] ....
- [ ] ....
- [ ] ....
- [ ] ....
- [ ] ....
- [ ] ....
- [ ] ....

Pflegehinweise: ....

....

Nahtzugabe: .... Nadel-/Maschineneinstellung: ....

Notizen: ....

....

- [ ] Fertig

Mein Projekt

Projektname: .... für: ....

begonnen am: .... fertig am: ....

Schnittmuster

Skizze

Stoffprobe

Größe: .... Variante: ....

Anpassungen: ....

....

....

Material: ....

- [ ] ....
- [ ] ....
- [ ] ....
- [ ] ....
- [ ] ....
- [ ] ....
- [ ] ....

Pflegehinweise: ....

....

Nahtzugabe: .... Nadel-/Maschineneinstellung: ....

Notizen: ....

....

- [ ] Fertig

Mein Projekt

Projektname: .... für: ....

begonnen am: .... fertig am: ....

Schnittmuster

Skizze

Stoffprobe

Größe: .... Variante: ....

Anpassungen: ....

....

....

Material: ....

☐ ....

☐ ....

☐ ....

☐ ....

☐ ....

☐ ....

☐ ....

Pflegehinweise: ....

....

Nahtzugabe: .... Nadel-/Maschineneinstellung: ....

Notizen: ....

....

☐ Fertig

Mein Projekt

Projektname: .... für: ....

begonnen am: .... fertig am: ....

Schnittmuster

Skizze

Stoffprobe

Größe: .... Variante: ....

Anpassungen: ....

....

....

Material: ....

- ☐ ....
- ☐ ....
- ☐ ....
- ☐ ....
- ☐ ....
- ☐ ....
- ☐ ....

Pflegehinweise: ....

....

Nahtzugabe: .... Nadel-/Maschineneinstellung: ....

Notizen: ....

....

☐ Fertig

Mein Projekt

Projektname: .... für: ....

begonnen am: .... fertig am: ....

Schnittmuster

Skizze

Stoffprobe

Größe: .... Variante: ....

Anpassungen: ....

....

....

Material: ....

- ☐ ....
- ☐ ....
- ☐ ....
- ☐ ....
- ☐ ....
- ☐ ....
- ☐ ....

Pflegehinweise: ....

....

Nahtzugabe: .... Nadel-/Maschineneinstellung: ....

Notizen: ....

....

☐ Fertig

Mein Projekt

Projektname: .... für: ....

begonnen am: .... fertig am: ....

Schnittmuster

Skizze

Stoffprobe

Größe: .... Variante: ....

Anpassungen: ....

....

....

Material: ....

- ☐ ....
- ☐ ....
- ☐ ....
- ☐ ....
- ☐ ....
- ☐ ....
- ☐ ....

Pflegehinweise: ....

....

Nahtzugabe: .... Nadel-/Maschineneinstellung: ....

Notizen: ....

....

☐ Fertig

Mein Projekt

Projektname: .... für: ....

begonnen am: .... fertig am: ....

Schnittmuster

Skizze

Stoffprobe

Größe: .... Variante: ....

Anpassungen: ....

....

....

Material: ....

- [ ] ....
- [ ] ....
- [ ] ....
- [ ] ....
- [ ] ....
- [ ] ....
- [ ] ....

Pflegehinweise: ....

....

Nahtzugabe: .... Nadel-/Maschineneinstellung: ....

Notizen: ....

....

- [ ] Fertig

Mein Projekt

Projektname: .... für: ....

begonnen am: .... fertig am: ....

Schnittmuster

Skizze

Stoffprobe

Größe: .... Variante: ....

Anpassungen: ....

....

....

Material: ....

☐ ....

☐ ....

☐ ....

☐ ....

☐ ....

☐ ....

☐ ....

Pflegehinweise: ....

....

Nahtzugabe: .... Nadel-/Maschineneinstellung: ....

Notizen: ....

....

☐ Fertig

Mein Projekt

Projektname: .... für: ....

begonnen am: .... fertig am: ....

Schnittmuster

Skizze

Stoffprobe

Größe: .... Variante: ....

Anpassungen: ....

....

....

Material: ....

☐ ....

☐ ....

☐ ....

☐ ....

☐ ....

☐ ....

☐ ....

Pflegehinweise: ....

....

Nahtzugabe: .... Nadel-/Maschineneinstellung: ....

Notizen: ....

....

☐ Fertig

Mein Projekt

Projektname: .... für: ....

begonnen am: .... fertig am: ....

Schnittmuster

Größe: .... Variante: ....

Anpassungen: ....

....

....

Material: ....

- ☐ ....
- ☐ ....
- ☐ ....
- ☐ ....
- ☐ ....
- ☐ ....
- ☐ ....

Skizze

Stoffprobe

Pflegehinweise: ....

....

Nahtzugabe: .... Nadel-/Maschineneinstellung: ....

Notizen: ....

....

☐ Fertig

Mein Projekt

Projektname: .... für: ....

begonnen am: .... fertig am: ....

Schnittmuster

Skizze

Stoffprobe

Größe: .... Variante: ....

Anpassungen: ....

....

....

Material: ....

- [ ] ....
- [ ] ....
- [ ] ....
- [ ] ....
- [ ] ....
- [ ] ....
- [ ] ....

Pflegehinweise: ....

....

Nahtzugabe: .... Nadel-/Maschineneinstellung: ....

Notizen: ....

....

- [ ] Fertig

Mein Projekt

Projektname: .... für: ....

begonnen am: .... fertig am: ....

Schnittmuster

Skizze

Stoffprobe

Größe: .... Variante: ....

Anpassungen: ....

....

....

Material: ....

- [ ] ....
- [ ] ....
- [ ] ....
- [ ] ....
- [ ] ....
- [ ] ....
- [ ] ....

Pflegehinweise: ....

....

Nahtzugabe: .... Nadel-/Maschineneinstellung: ....

Notizen: ....

....

- [ ] Fertig

Mein Projekt

Projektname: .... für: ....

begonnen am: .... fertig am: ....

Schnittmuster

Skizze

Stoffprobe

Größe: .... Variante: ....

Anpassungen: ....

....

....

Material: ....

- [ ] ....
- [ ] ....
- [ ] ....
- [ ] ....
- [ ] ....
- [ ] ....
- [ ] ....

Pflegehinweise: ....

....

Nahtzugabe: .... Nadel-/Maschineneinstellung: ....

Notizen: ....

....

- [ ] Fertig

Mein Projekt

Projektname: .... für: ....

begonnen am: .... fertig am: ....

Schnittmuster

Größe: .... Variante: ....

Anpassungen: ....

....

....

Skizze

Material: ....

- [ ] ....
- [ ] ....
- [ ] ....
- [ ] ....
- [ ] ....
- [ ] ....
- [ ] ....

Pflegehinweise: ....

....

Stoffprobe

Nahtzugabe: .... Nadel-/Maschineneinstellung: ....

Notizen: ....

....

- [ ] Fertig

Mein Projekt

Projektname: .... für: ....

begonnen am: .... fertig am: ....

Schnittmuster

Skizze

Stoffprobe

Größe: .... Variante: ....

Anpassungen: ....

....

....

Material: ....

- [ ] ....
- [ ] ....
- [ ] ....
- [ ] ....
- [ ] ....
- [ ] ....
- [ ] ....

Pflegehinweise: ....

....

Nahtzugabe: .... Nadel-/Maschineneinstellung: ....

Notizen: ....

....

- [ ] Fertig

Mein Projekt

Projektname: .... für: ....

begonnen am: .... fertig am: ....

Schnittmuster

Skizze

Stoffprobe

Größe: .... Variante: ....

Anpassungen: ....

....

....

Material: ....

- [ ] ....
- [ ] ....
- [ ] ....
- [ ] ....
- [ ] ....
- [ ] ....
- [ ] ....

Pflegehinweise: ....

....

Nahtzugabe: .... Nadel-/Maschineneinstellung: ....

Notizen: ....

....

- [ ] Fertig

Mein Projekt

Projektname: .... für: ....

begonnen am: .... fertig am: ....

Schnittmuster

Skizze

Stoffprobe

Größe: .... Variante: ....

Anpassungen: ....

....

....

Material: ....

- [ ] ....
- [ ] ....
- [ ] ....
- [ ] ....
- [ ] ....
- [ ] ....
- [ ] ....

Pflegehinweise: ....

....

Nahtzugabe: .... Nadel-/Maschineneinstellung: ....

Notizen: ....

....

- [ ] Fertig

Mein Projekt

Projektname: .... für: ....

begonnen am: .... fertig am: ....

Schnittmuster

Skizze

Stoffprobe

Größe: .... Variante: ....

Anpassungen: ....

....

....

Material: ....

- ☐ ....
- ☐ ....
- ☐ ....
- ☐ ....
- ☐ ....
- ☐ ....
- ☐ ....

Pflegehinweise: ....

....

Nahtzugabe: .... Nadel-/Maschineneinstellung: ....

Notizen: ....

....

☐ Fertig

Mein Projekt

Projektname: .... für: ....

begonnen am: .... fertig am: ....

Schnittmuster

Skizze

Stoffprobe

Größe: .... Variante: ....

Anpassungen: ....

....

....

Material: ....

- [ ] ....
- [ ] ....
- [ ] ....
- [ ] ....
- [ ] ....
- [ ] ....
- [ ] ....

Pflegehinweise: ....

....

Nahtzugabe: .... Nadel-/Maschineneinstellung: ....

Notizen: ....

....

- [ ] Fertig

Mein Projekt

Projektname: .... für: ....

begonnen am: .... fertig am: ....

Schnittmuster

Skizze

Stoffprobe

Größe: .... Variante: ....

Anpassungen: ....

....

....

Material: ....

- ☐ ....
- ☐ ....
- ☐ ....
- ☐ ....
- ☐ ....
- ☐ ....
- ☐ ....

Pflegehinweise: ....

....

Nahtzugabe: .... Nadel-/Maschineneinstellung: ....

Notizen: ....

....

☐ Fertig

Mein Projekt

Projektname: .... für: ....

begonnen am: .... fertig am: ....

Schnittmuster

Skizze

Stoffprobe

Größe: .... Variante: ....

Anpassungen: ....

....

....

Material: ....

- [ ] ....
- [ ] ....
- [ ] ....
- [ ] ....
- [ ] ....
- [ ] ....
- [ ] ....

Pflegehinweise: ....

....

Nahtzugabe: .... Nadel-/Maschineneinstellung: ....

Notizen: ....

....

- [ ] Fertig

Mein Projekt

Projektname: .... für: ....

begonnen am: .... fertig am: ....

Schnittmuster

Skizze

Stoffprobe

Größe: .... Variante: ....

Anpassungen: ....

....

....

Material: ....

- [ ] ....
- [ ] ....
- [ ] ....
- [ ] ....
- [ ] ....
- [ ] ....
- [ ] ....

Pflegehinweise: ....

....

Nahtzugabe: .... Nadel-/Maschineneinstellung: ....

Notizen: ....

....

- [ ] Fertig

Mein Projekt

Projektname: .... für: ....

begonnen am: .... fertig am: ....

Schnittmuster

Skizze

Stoffprobe

Größe: .... Variante: ....

Anpassungen: ....

....

....

Material: ....

- [ ] ....
- [ ] ....
- [ ] ....
- [ ] ....
- [ ] ....
- [ ] ....
- [ ] ....

Pflegehinweise: ....

....

Nahtzugabe: .... Nadel-/Maschineneinstellung: ....

Notizen: ....

....

- [ ] Fertig

Mein Projekt

Projektname: .... für: ....

begonnen am: .... fertig am: ....

Schnittmuster

Skizze

Stoffprobe

Größe: .... Variante: ....

Anpassungen: ....

....

....

Material: ....

- [ ] ....
- [ ] ....
- [ ] ....
- [ ] ....
- [ ] ....
- [ ] ....
- [ ] ....

Pflegehinweise: ....

....

Nahtzugabe: .... Nadel-/Maschineneinstellung: ....

Notizen: ....

....

- [ ] Fertig

Mein Projekt

Projektname: .... für: ....

begonnen am: .... fertig am: ....

Schnittmuster

Skizze

Stoffprobe

Größe: .... Variante: ....

Anpassungen: ....

....

....

Material: ....

- [ ] ....
- [ ] ....
- [ ] ....
- [ ] ....
- [ ] ....
- [ ] ....
- [ ] ....

Pflegehinweise: ....

....

Nahtzugabe: .... Nadel-/Maschineneinstellung: ....

Notizen: ....

....

- [ ] Fertig

Mein Projekt

Projektname: .... für: ....

begonnen am: .... fertig am: ....

Schnittmuster

Skizze

Stoffprobe

Größe: .... Variante: ....

Anpassungen: ....

....

....

Material: ....

☐ ....

☐ ....

☐ ....

☐ ....

☐ ....

☐ ....

☐ ....

Pflegehinweise: ....

....

Nahtzugabe: .... Nadel-/Maschineneinstellung: ....

Notizen: ....

....

☐ Fertig

Mein Projekt

Projektname: .... für: ....

begonnen am: .... fertig am: ....

Schnittmuster

Skizze

Stoffprobe

Größe: .... Variante: ....

Anpassungen: ....

....

....

Material: ....

- [ ] ....
- [ ] ....
- [ ] ....
- [ ] ....
- [ ] ....
- [ ] ....
- [ ] ....

Pflegehinweise: ....

....

Nahtzugabe: .... Nadel-/Maschineneinstellung: ....

Notizen: ....

....

- [ ] Fertig

Mein Projekt

Projektname: .... für: ....

begonnen am: .... fertig am: ....

Schnittmuster

Skizze

Stoffprobe

Größe: .... Variante: ....

Anpassungen: ....

....

....

Material: ....

- [ ] ....
- [ ] ....
- [ ] ....
- [ ] ....
- [ ] ....
- [ ] ....
- [ ] ....

Pflegehinweise: ....

....

Nahtzugabe: .... Nadel-/Maschineneinstellung: ....

Notizen: ....

....

- [ ] Fertig

Mein Projekt

Projektname: .... für: ....

begonnen am: .... fertig am: ....

Schnittmuster

Skizze

Stoffprobe

Größe: .... Variante: ....

Anpassungen: ....

....

....

Material: ....

- [ ] ....
- [ ] ....
- [ ] ....
- [ ] ....
- [ ] ....
- [ ] ....
- [ ] ....

Pflegehinweise: ....

....

Nahtzugabe: .... Nadel-/Maschineneinstellung: ....

Notizen: ....

....

- [ ] Fertig

Mein Projekt

Projektname: .... für: ....

begonnen am: .... fertig am: ....

Schnittmuster

Größe: .... Variante: ....

Anpassungen: ....

....

....

Material: ....

☐ ....

☐ ....

☐ ....

☐ ....

☐ ....

☐ ....

☐ ....

Pflegehinweise: ....

....

Skizze

Stoffprobe

Nahtzugabe: .... Nadel-/Maschineneinstellung: ....

Notizen: ....

....

☐ Fertig

Mein Projekt

Projektname: .... für: ....

begonnen am: .... fertig am: ....

Schnittmuster

Skizze

Stoffprobe

Größe: .... Variante: ....

Anpassungen: ....

....

....

Material: ....

- [ ] ....
- [ ] ....
- [ ] ....
- [ ] ....
- [ ] ....
- [ ] ....
- [ ] ....

Pflegehinweise: ....

....

Nahtzugabe: .... Nadel-/Maschineneinstellung: ....

Notizen: ....

....

- [ ] Fertig

Mein Projekt

Projektname: .... für: ....

begonnen am: .... fertig am: ....

Schnittmuster

Skizze

Stoffprobe

Größe: .... Variante: ....

Anpassungen: ....

....

....

Material: ....

☐ ....

☐ ....

☐ ....

☐ ....

☐ ....

☐ ....

☐ ....

Pflegehinweise: ....

....

Nahtzugabe: .... Nadel-/Maschineneinstellung: ....

Notizen: ....

....

☐ Fertig

Mein Projekt

Projektname: .... für: ....

begonnen am: .... fertig am: ....

Schnittmuster

Skizze

Stoffprobe

Größe: .... Variante: ....

Anpassungen: ....

....

....

Material: ....

- [ ] ....
- [ ] ....
- [ ] ....
- [ ] ....
- [ ] ....
- [ ] ....
- [ ] ....

Pflegehinweise: ....

....

Nahtzugabe: .... Nadel-/Maschineneinstellung: ....

Notizen: ....

....

- [ ] Fertig

Mein Projekt

Projektname: .... für: ....

begonnen am: .... fertig am: ....

Schnittmuster

Skizze

Stoffprobe

Größe: .... Variante: ....

Anpassungen: ....

....

....

Material: ....

- [ ] ....
- [ ] ....
- [ ] ....
- [ ] ....
- [ ] ....
- [ ] ....
- [ ] ....

Pflegehinweise: ....

....

Nahtzugabe: .... Nadel-/Maschineneinstellung: ....

Notizen: ....

....

- [ ] Fertig

Mein Projekt

Projektname: .... für: ....

begonnen am: .... fertig am: ....

Schnittmuster

Skizze

Stoffprobe

Größe: .... Variante: ....

Anpassungen: ....

....

....

Material: ....

- [ ] ....
- [ ] ....
- [ ] ....
- [ ] ....
- [ ] ....
- [ ] ....
- [ ] ....

Pflegehinweise: ....

....

Nahtzugabe: .... Nadel-/Maschineneinstellung: ....

Notizen: ....

....

- [ ] Fertig

Mein Projekt

Projektname: .... für: ....

begonnen am: .... fertig am: ....

Schnittmuster

Skizze

Stoffprobe

Größe: .... Variante: ....

Anpassungen: ....

....

....

Material: ....

- [ ] ....
- [ ] ....
- [ ] ....
- [ ] ....
- [ ] ....
- [ ] ....
- [ ] ....

Pflegehinweise: ....

....

Nahtzugabe: .... Nadel-/Maschineneinstellung: ....

Notizen: ....

....

- [ ] Fertig

Mein Projekt

Projektname: .... für: ....

begonnen am: .... fertig am: ....

Schnittmuster

Skizze

Stoffprobe

Größe: .... Variante: ....

Anpassungen: ....

....

....

Material: ....

- ☐ ....
- ☐ ....
- ☐ ....
- ☐ ....
- ☐ ....
- ☐ ....
- ☐ ....

Pflegehinweise: ....

....

Nahtzugabe: .... Nadel-/Maschineneinstellung: ....

Notizen: ....

....

☐ Fertig

Mein Projekt

Projektname: .... für: ....

begonnen am: .... fertig am: ....

Schnittmuster

Skizze

Stoffprobe

Größe: .... Variante: ....

Anpassungen: ....

....

....

Material: ....

- ☐ ....
- ☐ ....
- ☐ ....
- ☐ ....
- ☐ ....
- ☐ ....
- ☐ ....

Pflegehinweise: ....

....

Nahtzugabe: .... Nadel-/Maschineneinstellung: ....

Notizen: ....

....

☐ Fertig

Mein Projekt

Projektname: .... für: ....

begonnen am: .... fertig am: ....

Schnittmuster

Skizze

Stoffprobe

Größe: .... Variante: ....

Anpassungen: ....

....

....

Material: ....

- [ ] ....
- [ ] ....
- [ ] ....
- [ ] ....
- [ ] ....
- [ ] ....
- [ ] ....

Pflegehinweise: ....

....

Nahtzugabe: .... Nadel-/Maschineneinstellung: ....

Notizen: ....

....

- [ ] Fertig

Mein Projekt

Projektname: .... für: ....

begonnen am: .... fertig am: ....

Schnittmuster

Skizze

Stoffprobe

Größe: .... Variante: ....

Anpassungen: ....

....

....

Material: ....

- [ ] ....
- [ ] ....
- [ ] ....
- [ ] ....
- [ ] ....
- [ ] ....
- [ ] ....

Pflegehinweise: ....

....

Nahtzugabe: .... Nadel-/Maschineneinstellung: ....

Notizen: ....

....

- [ ] Fertig

Mein Projekt

Projektname: .... für: ....

begonnen am: .... fertig am: ....

Schnittmuster

Skizze

Stoffprobe

Größe: .... Variante: ....

Anpassungen: ....

....

....

Material: ....

- [ ] ....
- [ ] ....
- [ ] ....
- [ ] ....
- [ ] ....
- [ ] ....
- [ ] ....

Pflegehinweise: ....

....

Nahtzugabe: .... Nadel-/Maschineneinstellung: ....

Notizen: ....

....

- [ ] Fertig

Mein Projekt

Projektname: .... für: ....

begonnen am: .... fertig am: ....

Schnittmuster

Skizze

Stoffprobe

Größe: .... Variante: ....

Anpassungen: ....

....

....

Material: ....

- [ ] ....
- [ ] ....
- [ ] ....
- [ ] ....
- [ ] ....
- [ ] ....
- [ ] ....

Pflegehinweise: ....

....

Nahtzugabe: .... Nadel-/Maschineneinstellung: ....

Notizen: ....

....

- [ ] Fertig

Mein Projekt

Projektname: .... für: ....

begonnen am: .... fertig am: ....

Schnittmuster

Größe: .... Variante: ....

Anpassungen: ....

....

....

Material: ....

☐ ....

☐ ....

☐ ....

☐ ....

☐ ....

☐ ....

☐ ....

Pflegehinweise: ....

....

Skizze

Stoffprobe

Nahtzugabe: .... Nadel-/Maschineneinstellung: ....

Notizen: ....

....

☐ Fertig

Mein Projekt

Projektname: .... für: ....

begonnen am: .... fertig am: ....

Schnittmuster

Skizze

Stoffprobe

Größe: .... Variante: ....

Anpassungen: ....

....

....

Material: ....

- [ ] ....
- [ ] ....
- [ ] ....
- [ ] ....
- [ ] ....
- [ ] ....
- [ ] ....

Pflegehinweise: ....

....

Nahtzugabe: .... Nadel-/Maschineneinstellung: ....

Notizen: ....

....

- [ ] Fertig

Mein Projekt

Projektname: .... für: ....

begonnen am: .... fertig am: ....

Schnittmuster

Größe: .... Variante: ....

Anpassungen: ....

....

....

Material: ....

- [ ] ....
- [ ] ....
- [ ] ....
- [ ] ....
- [ ] ....
- [ ] ....
- [ ] ....

Pflegehinweise: ....

....

Skizze

Stoffprobe

Nahtzugabe: .... Nadel-/Maschineneinstellung: ....

Notizen: ....

....

- [ ] Fertig

Mein Projekt

Projektname: .... für: ....

begonnen am: .... fertig am: ....

Schnittmuster

Skizze

Stoffprobe

Größe: .... Variante: ....

Anpassungen: ....

....

....

Material: ....

- [ ] ....
- [ ] ....
- [ ] ....
- [ ] ....
- [ ] ....
- [ ] ....
- [ ] ....

Pflegehinweise: ....

....

Nahtzugabe: .... Nadel-/Maschineneinstellung: ....

Notizen: ....

....

- [ ] Fertig

Mein Projekt

Projektname: .... für: ....

begonnen am: .... fertig am: ....

Schnittmuster

Skizze

Stoffprobe

Größe: .... Variante: ....

Anpassungen: ....

....

....

Material: ....

- [ ] ....
- [ ] ....
- [ ] ....
- [ ] ....
- [ ] ....
- [ ] ....
- [ ] ....

Pflegehinweise: ....

....

Nahtzugabe: .... Nadel-/Maschineneinstellung: ....

Notizen: ....

....

- [ ] Fertig

MEIN JAHR ____

JANUAR

1 ....
2 ....
3 ....
4 ....
5 ....
6 ....
7 ....
8 ....
9 ....
10 ....
11 ....
12 ....
13 ....
14 ....
15 ....
16 ....
17 ....
18 ....
19 ....
20 ....
21 ....
22 ....
23 ....
24 ....
25 ....
26 ....
27 ....
28 ....
29 ....
30 ....
31 ....

FEBRUAR

1 ....
2 ....
3 ....
4 ....
5 ....
6 ....
7 ....
8 ....
9 ....
10 ....
11 ....
12 ....
13 ....
14 ....
15 ....
16 ....
17 ....
18 ....
19 ....
20 ....
21 ....
22 ....
23 ....
24 ....
25 ....
26 ....
27 ....
28 ....
29 ....

MÄRZ

1 ....
2 ....
3 ....
4 ....
5 ....
6 ....
7 ....
8 ....
9 ....
10 ....
11 ....
12 ....
13 ....
14 ....
15 ....
16 ....
17 ....
18 ....
19 ....
20 ....
21 ....
22 ....
23 ....
24 ....
25 ....
26 ....
27 ....
28 ....
29 ....
30 ....
31 ....

APRIL

1	11	21 ....
2	12	22 ....
3	13	23 ....
4	14	24 ....
5	15	25 ....
6	16	26 ....
7	17	27 ....
8	18	28 ....
9	19	29 ....
10	20	30 ....

MAI

1	11	21 ....
2	12	22 ....
3	13	23 ....
4	14	24 ....
5	15	25 ....
6	16	26 ....
7	17	27 ....
8	18	28 ....
9	19	29 ....
10	20	30 ....
		31 ....

JUNI

1	11	21 ....
2	12	22 ....
3	13	23 ....
4	14	24 ....
5	15	25 ....
6	16	26 ....
7	17	27 ....
8	18	28 ....
9	19	29 ....
10	20	30 ....

MEIN JAHR ____

JULI

1
2
3
4
5
6
7
8
9
10
11
12
13
14
15
16
17
18
19
20
21
22
23
24
25
26
27
28
29
30
31

AUGUST

1
2
3
4
5
6
7
8
9
10
11
12
13
14
15
16
17
18
19
20
21
22
23
24
25
26
27
28
29
30
31

SEPTEMBER

1
2
3
4
5
6
7
8
9
10
11
12
13
14
15
16
17
18
19
20
21
22
23
24
25
26
27
28
29
30

OKTOBER

1 ....
2 ....
3 ....
4 ....
5 ....
6 ....
7 ....
8 ....
9 ....
10 ....
11 ....
12 ....
13 ....
14 ....
15 ....
16 ....
17 ....
18 ....
19 ....
20 ....
21 ....
22 ....
23 ....
24 ....
25 ....
26 ....
27 ....
28 ....
29 ....
30 ....
31 ....

NOVEMBER

1 ....
2 ....
3 ....
4 ....
5 ....
6 ....
7 ....
8 ....
9 ....
10 ....
11 ....
12 ....
13 ....
14 ....
15 ....
16 ....
17 ....
18 ....
19 ....
20 ....
21 ....
22 ....
23 ....
24 ....
25 ....
26 ....
27 ....
28 ....
29 ....
30 ....

DEZEMBER

1 ....
2 ....
3 ....
4 ....
5 ....
6 ....
7 ....
8 ....
9 ....
10 ....
11 ....
12 ....
13 ....
14 ....
15 ....
16 ....
17 ....
18 ....
19 ....
20 ....
21 ....
22 ....
23 ....
24 ....
25 ....
26 ....
27 ....
28 ....
29 ....
30 ....
31 ....

Termine, Messen & Märkte

WAS?	WANN?	WO?

WAS? WANN? WO?

Mein Nähbudget für _____

	Mein Budget		Tatsächliche Ausgaben	
Januar		€		€
Februar		€		€
März		€		€
April		€		€
Mai		€		€
Juni		€		€

	Mein Budget		tatsächliche Ausgaben	
Juli		€		€
August		€		€
September		€		€
Oktober		€		€
November		€		€
Dezember		€		€

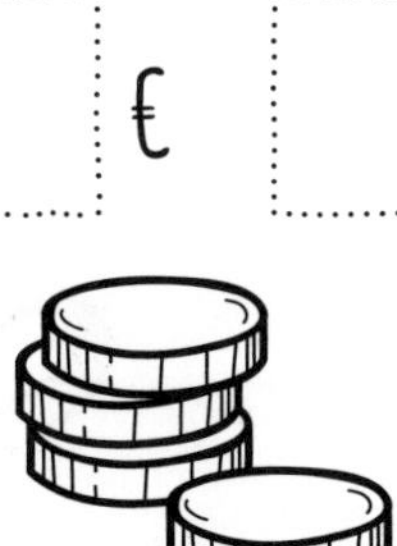

Mein Nähbudget für _____

	Mein Budget		Tatsächliche Ausgaben	
Januar		€		€
Februar		€		€
März		€		€
April		€		€
Mai		€		€
Juni		€		€

	Mein Budget		Tatsächliche Ausgaben	
Juli		€		€
August		€		€
September		€		€
Oktober		€		€
November		€		€
Dezember		€		€

Mein Habit-Tracker
Wie oft nähe ich?

	Januar	Februar	März	April	Mai	Juni
1						
2						
3						
4						
5						
6						
7						
8						
9						
10						
11						
12						
13						
14						
15						
16						
17						
18						
19						
20						
21						
22						
23						
24						
25						
26						
27						
28						
29						
30						
31						

	Juli	August	September	Oktober	November	Dezember
1						
2						
3						
4						
5						
6						
7						
8						
9						
10						
11						
12						
13						
14						
15						
16						
17						
18						
19						
20						
21						
22						
23						
24						
25						
26						
27						
28						
29						
30						
31						

ENGLISCH ⇄ DEUTSCH

Englische Schnittmuster können erstmal abschrecken. Wenn man ein paar Begriffe kennt, ist es halb so schwer!

Nähbegriffe:

backstitch – Rückstich
baste – heften
bias – Schrägband
bottom – unten
button hole – Knopfloch
center – Mitte
collar – Kragen
cuff – Manschette
cut – schneiden
fabric – Stoff
facing – Beleg
fold – falten
foldline – Bruchkante
grainline – Fadenlauf
hem – Saum
inside – innen
interfacing – Einlage
layer – Lagen
lining – Futter
mark – markieren
neckline – Halsausschnitt
notch – einschneiden
outside – außen
pattern – Schnittmuster
pattern pieces – Schnittteile
pin – stecken
place – platzieren/ausrichten
placket – Knopfleiste
pleat – Falte
pocket – Tasche
press – bügeln
repeat – wiederholen
right side – rechte Stoffseite
seam – Naht/Saum
seam allowance – Nahtzugabe
sew – nähen
shoulder – Schulter
side – Seite
sleeve – Ärmel
stitch – Stich
thread – Faden/Garn
topstitching – absteppen
trim – beschneiden
turn – drehen/wenden
width – Weite/Breite
wrong side – linke Stoffseite
yoke – Passe
zipper – Reißverschluss

Maße:

Viele englische Schnitte verwenden Inch-Angaben. Die kann man aber einfach in Zentimeter umrechnen. Ein Inch entspricht 2,54 cm.

Inch	1/8	1/4	3/8	5/8	1/2	1	2
Zentimeter	0,32 cm	0,64 cm	0,95 cm	1,27 cm	1,59 cm	2,54 cm	5,08 cm

In einigen Fällen kann auch die Yard-Angabe auftauchen. Ein Yard entspricht 91 cm.

Yard	1/8	1/4	1/2	1	1,5	2	3
Zentimeter	11 cm	23 cm	46 cm	91 cm	137 cm	183 cm	229 cm

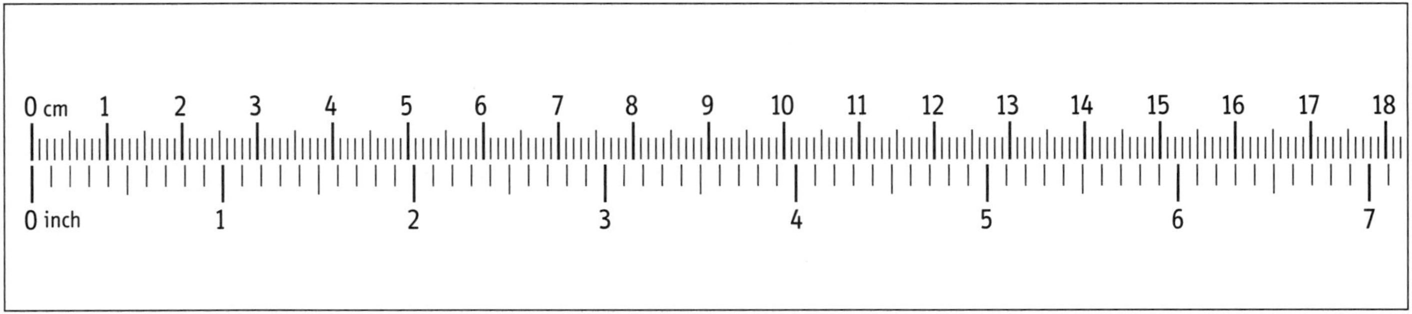

UMRECHNUNG: ZENTIMETER <—> INCH

Erklärung Pflegehinweise

WASCHEN
(Waschbottich)

Normal-
waschgang

Schon-
waschgang

Normal-
waschgang

Schon-
waschgang

Spezialschon-
waschgang

Normal-
waschgang

Schon-
waschgang

Spezialschon-
waschgang

Normal-
waschgang

Nicht
waschen

Hand-
wäsche

Die Zahlen im Waschbottich entsprechen den maximalen Waschtemperaturen, die nicht überschritten werden dürfen. Der eine Balken unterhalb des Waschbottichs verlangt eine milde Behandlung mit reduzierter Waschmenge und geringer Drehzahl beim Schleudern. Der doppelte Balken bedeutet eine sehr milde Behandlung mit reduzierter Mechanik (z. B. Wollwäsche).

Bleichen
(Dreieck)

Chlor- oder
Sauerstoffbleiche
zulässig

Nur Sauerstoff-
bleiche zulässig/
keine Chlorbleiche

Nicht bleichen

Trocknen im Wäschetrockner
(Quadrat mit Kreis)

Trocknen im Wäsche-
trockner möglich.
Normale Trocknung

Trocknen im Wäsche-
trockner möglich.
Schonende Trocknung

Nicht im
Wäschetrockner
trocknen

Die Punkte kennzeichnen die Trocknungsstufe im Wäschetrockner.

Professionelle Textilpflege
(Kreis)

Professionelle Trockenreinigung. Normales Verfahren

Professionelle Trockenreinigung. Schonverfahren

Nicht Trockenreinigen

Professionelle Trockenreinigung. Normales Verfahren

Professionelle Trockenreinigung. Schonverfahren

Die Buchstaben sind für den professionellen Textilpfleger bestimmt. Sie geben einen Hinweis auf die in Frage kommenden Lösemittel. Der Balken unterhalb des Kreises verlangt bei der Reinigung nach einer Beschränkung der mechanischen Beanspruchung, der Feuchtigkeitszugabe und/oder der Temperatur.

Professionelle Nassreinigung. Normales Verfahren

Professionelle Nassreinigung. Schonverfahren

Professionelle Nassreinigung. Spezialschonverfahren

Nicht Nassreinigen

Dieses Symbol bezeichnet Artikel, die im Nassreinigungsverfahren behandelt werden können. Es wird in der zweiten Zeile unter dem Symbol für die Trockenreinigung angebracht. Die Balken unterhalb des Kreises verlangen bei der Nassreinigung nach einer Beschränkung der mechanischen Beanspruchung. Der doppelte Balken kennzeichnet ein noch milderes Verfahren.

Bügeln
(Bügeleisen)

Heiß bügeln (200 °C)

Mäßig heiß bügeln (150 °C)

Nicht heiß bügeln (110 °C). Vorsicht beim Bügeln mit Dampf

Nicht bügeln

Die Punkte kennzeichnen die Temperaturbereiche der Reglerbügeleisen.

Buchempfehlungen für Dich

ISBN 978-3-7724-8149-9

ISBN 978-3-7724-8354-7

ISBN 978-3-7724-7805-5

ISBN 978-3-7724-8326-4

ISBN 978-3-7724-4911-6

ISBN 978-3-7724-4914-7

ISBN 978-3-7724-8142-0

ISBN 978-3-7724-8145-1

Die Autorin

Frederike Matthäus liebt zwei Dinge ganz besonders: das Nähen und lange Listen, um Ordnung in das kreative Chaos auf dem Nähtisch zu bringen. Mit der steigenden Zahl der Nähideen kam dann der Wunsch nach einer besseren Planung der Projekte. Aus der Liebe zu Listen und Plänen entstand dann schnell die Idee zu einem Nähplaner. 2013 begann Fredi das Abenteuer Blog, um ihre Kreationen auch mit anderen Nähbegeisterten teilen zu können und schreibt seitdem regelmäßig auf dem Blog Seemannsgarn (www.seemannsgarn-handmade.de) über Erfolge und manchmal auch Misserfolge an der Nähmaschine. Fredi näht am liebsten Kleidung und Rucksäcke, ist immer den neusten Nähtrends auf der Spur und informiert ihre Leser jede Woche über die spannendsten Neuigkeiten aus der Nähwelt in ihrem Sonntagsschnack.

seemannsgarn_blog

Impressum

ILLUSTRATIONEN: Frederike Matthäus (Sticker); fotolia.com: natashapankina (Seiten 4–5, 89–91); vectorikart (Seiten 9, 11, 13, 21); Annika Sauerborn (Seiten 22–25); mouse_md (Seiten 32, 34, 36–38, 40, 42–44, 46, 48–50, 52, 54–56, 59, 63, 67, 71, 74, 78, 94); tettygreen (Seiten 33, 35, 39, 41, 45, 47, 51, 53, 57, 61, 65, 69, 73, 77, 81, 103); puruan (Seiten 87–88, 173–174); Waschsymbole auf Seite 176/177: © GINETEX Germany; alle übrigen Illustrationen und Coverillustrationen: freepic.com

PRODUKTMANAGEMENT & LEKTORAT: Lisa-Marie Weigel
COVERGESTALTUNG & INNENLAYOUT: Katrin Röhlig
SATZ: Claudia Adam Graphik Design, Darmstadt
HERSTELLUNG: Katrin Röhlig
DRUCK UND BINDUNG: PNB Print Ltd, Lettland

2. Auflage 2018

ISBN 978-3-7724-8148-2 • Best.-Nr. 8148